Eila Wyn Hall ★ Elan Pamela Thomas ★ Caitlin Rees ★ Lowri

Sophia Lilly Middleton ★ Lois Angharad Hall ★ Manon Mac

Rhiannon Elizabeth Starr ★ Sara Angharad Biggs ★ Ella

Enlli Mair Williams ★ Hollie Evelyn Bevan ★ Gwenllïan Llew

Emma Sandra Evans ★ Ellie Dawn Evans ★ Sara Lois Jones ★ Beca Fflur Jones

Phoebe Evans ★ Charlotte Evans ★ Elin Haf Lee ★ Gwen Elin Roberts

Cadi Lois Roberts ★ Swyn Gwenllian ★ Olwen Maredudd ★ Brengain Elwy

Alaw Mai Jones ★ Gwennan Filmer ★ Nesta Meirion Roberts ★ Esyllt Dafydd Roberts

Genod Gwych a Merched Medrus 2

Leah Wyn Heald ★ Myfi Blodwen Tomos ★ Seren Ffion Ellaway

Megan Grug Edwards ★ Eve Nia Williams ★ Gwenno Mair Hughes

Alys Mai Halstead-Owen ★ Mari Cwellyn Jones ★ Gwenno Lowri Jones

Beca Mair Hughes ★ Nel Grug Hughes ★ Mirjana Mai Jones ★ Elain Grug

Lois Alaw ★ Gwenlli Fflur ★ Lilly Mair ★ Leusa Miriam Gruffudd

Casi Ifan Llwyd ★ Olivia May Rice ★ Ruby Mair Rice ★ Bela Gwanwyn Delyth Davies

Ani Elsbeth Linda Davies ★ Megan Fflur Lloyd ★ Mari Elin Lloyd ★ Malen Grug Lloyd

Greta Marged Wyn ★ Miriam Haf Wyn ★ Non Marged Jones ★ Elsi Gwenllian Davies

Mari Williams ★ Fflur Williams ★ Leisa Gwen Roberts ★ Cadi Mai Lloyd

Mae'r llyfr yma yn eiddo i

(sydd hefyd yn wych!)

Hoffwn gyflwyno'r gyfrol gyda chariad i:

Aileen Jackson am feithrin fy niddordeb mewn hanes. Athrawes ac anti o fri!

Elen Clwyd Roberts am roi to uwch ein pennau ac am fy nysgu nad yw archarwyr wastad yn gwisgo clogyn.

Anest, Elis a Paul am y chwerthin + y cwtshys + cariad.

Medi xxx

Genod Gwych a Merched Medrus 2

Croeso 'Nôl

y Lolfa

Argraffiad cyntaf: 2021

Dylunio: Dylunio GraffEG

Dymuna'r cyhoeddwyr gydnabod cymorth ariannol Cyngor Llyfrau Cymru

Rhif Llyfr Rhyngwladol: 978 1 80099 055 5

Cyhoeddwyd ac argraffwyd yng Nghymru
ar bapur o goedwigoedd cynaliadwy gan
Y Lolfa Cyf., Talybont, Ceredigion SY24 5HE
e-bost: ylolfa@ylolfa.com
gwefan: www.ylolfa.com
ffôn: 01970 832 304
ffacs: 01970 832 782

LLYTHYR GAN YR AWDUR

ANNWYL FFRIND,

Wel, dyma ni yn ein hôl gyda chyfrol newydd – *Genod Gwych a Merched Medrus 2*.

Hoffwn i ddechrau â nodyn o ddiolch i bawb wnaeth ddarllen a mwynhau'r gyfrol gyntaf yn y gyfres. Am ymateb gwych!

Felly dyma gyfrol arall!

Yn *Genod Gwych a Merched Medrus 2* dwi wedi dewis a dethol 12 o ferched i dy ysbrydoli ac i ti ddod i wybod mwy amdanyn nhw. Mae pob un yn wahanol, ond mae gan bob un gysylltiad â Chymru – jyst fel ti.

Mae straeon am orchfygu anhawster, straeon llawn dewrder a ffydd, o ennill ras neu gyrraedd y brig – dyma ddeuddeg stori sy'n siŵr o roi ysbrydoliaeth i ti.

Gobeithio y cei di fywyd llawn a nifer o anturiaethau, fel y merched sy'n ymddangos ar y tudalennau i ddilyn.

Dal ati i ddarllen.

Bydd wych!

Medi
x

O.N. Os oes gen ti gwestiwn, neu dim ond eisiau dweud 'helô', anfona e-bost at genodgwych@gmail.com

Y MERCHED

Genod Gwych a Merched Medrus 2

VULCANA (MIRIAM KATE WILLIAMS)

? Dirgelwch (www!) 1875-1946

Archarwr o Oes Fictoria

Fel pob ffigwr chwedlonol gwerth ei halen, does dim cofnod o fan geni Vulcana (Kate). Mae ei henw yng Nghyfrifiad 1881 yn Aberdâr, ac wedyn yn y Fenni lle roedd ei thad yn weinidog.

Yn gynnar iawn daeth i'r amlwg fod Kate yn ferch hynod, a dechreuodd pobl yr ardal glywed sibrydion am ei nerth corfforol naturiol.

Un tro, achubodd hi ddau o fechgyn rhag boddi yn afon Wysg, ac enillodd fedal am ei dewrder. Dro arall rhoddodd stop ar geffyl peryglus oedd yn rhedeg yn wyllt drwy strydoedd Bryste, ac un tro gofynnodd yr athrawes i blant yr ysgol symud yr organ fawr, ond cyflawnodd Kate y dasg ar ei phen ei hun.

Ymhen dim roedd wedi dod i sylw hyfforddwr adeiladu corff, William Hedley Roberts, oedd yn perfformio a dangos ei gampau cryfder dan yr enw Atlas. Yn 1892 trefnodd Atlas arddangosfa godi pwysau ym Mhontypridd ond aeth un o'r perfformwyr yn sâl, a phwy gamodd i'r adwy ond Kate. Dyna pryd 'ganwyd' Vulcana.

Parlez-vous français?

Roedd Vulcana yn boblogaidd iawn yn Ffrainc ac ymddangosodd ar glawr blaen nifer fawr o gylchgronau yno.

CYNGOR VULCANA I FERCHED:

- Dringwch goed.
- Gwnewch ymarfer corff.
- Byddwch yn tomboi.

Codi 25kg ym mhob braich. ✓

Codi dyn 12 stôn dros ei phen ag un fraich. ✓

Codi cert llawn cynnyrch oedd wedi troi drosodd ym marchnad Covent Garden, Llundain, 1901. ✓

Rhuthro i mewn i adeilad ar dân i achub ceffylau. ✓

Ennill dros 100+ o fedalau codi pwysau yn ystod ei gyrfa. ✓

Lloriodd Vulcana leidr unwaith wrth iddo geisio dwyn ei phwrs. Cariodd y lleidr dros ei hysgwydd i'r orsaf heddlu agosaf. Am ddynes a hanner… ac am leidr twp!

WPS!

Creodd Atlas a Vulcana sioe theatr a disgynnodd William a Kate mewn cariad. Rhedodd y ddau i ffwrdd i Lundain a pherfformio mewn theatrau ledled Prydain, Ewrop, a hyd yn oed mor bell ag Awstralia.

Perfformiodd y ddau tan 1932 pan fu farw William ar ôl iddo gael ei daro gan gerbyd. Bu farw Vulcana yn 1946 ond mae ei dylanwad i'w deimlo hyd heddiw.

Yn Awstralia, crëwyd Syrcas Vulcana sy'n dysgu sgiliau perfformio a syrcas i ferched yn y Vulcademy. Slogan yr ysgol ydi 'Cartref i'r dewr, y cryf a'r anturus'.

Sh! Sgandal…

Roedd William a Kate yn esgus eu bod yn frawd a chwaer gan nad oedden nhw wedi priodi. Roedd gwraig a phlant gan William yn ôl yng Nghymru. Cafodd Atlas a Vulcana 6 o blant, a bydden nhw'n ymddangos yn y sioeau.

DEWCH I WELD SIOE RYFEDDOL
ATLAS A VULCANA

PEIDIWCH TRIO HYN GARTRE!

Un o driciau pwysau hynod Vulcana oedd plygu ei chefn fel cranc a chael dau geffyl a dyn i sefyll arni! Enw'r tric oedd y 'Tomb of Hercules' a doedd cynulleidfaoedd Oes Fictoria erioed wedi gweld y fath beth – a hynny gan ferch hefyd!

ANN PETTITT

Sir Gaerhirfryn
1962

Ymgyrchydd heddwch

I fyny lôn fach gul tuag at eu cartref newydd, Gwastod Bach yn Sir Gaerfyrddin, gyrrodd Ann Pettitt a'i gŵr i ddianc rhag mwg a sŵn Llundain i gael mwynhau llonyddwch cefn gwlad.

Roedd Ann, fel nifer o bobl yn y cyfnod, yn poeni am y Rhyfel Oer a phenderfyniad llywodraeth Prydain i roi caniatâd i America i storio 96 o daflegrau niwclear ar safle milwrol Comin Greenham, ger Newbury yn ne Lloegr.

Teimlodd Ann fod yn rhaid iddi wneud rhywbeth.

Felly, yn Awst 1981 dechreuodd criw o bobl, ac Ann yn eu plith, orymdeithio o Gaerdydd i Greenham, siwrne o tua 120 milltir, mewn tywydd poeth.

Pam protestio:

Ddim eisiau rhyfel heb reswm nac arfau niwclear i ddinistrio'r ddaear a dynoliaeth.

Amcan y brotest:

Cael gwared ag arfau niwclear o Gomin Greenham.

Dyma nhw'n cyrraedd gatiau Safle Greenham ar 5 Medi. Doedd dim syniad gan Ann y diwrnod hwnnw y byddai presenoldeb di-dor yn Greenham am y 19 mlynedd nesaf, ac y byddai'r brotest yn unigryw yn hanes modern.

Ar ôl sylweddoli nad oedd yr orymdaith yn unig yn mynd i ennyn digon o sylw, penderfynodd y merched aros yno. Dyma'r protestwyr yn codi gwersyll a phawb yn cysgu dan lenni plastig. Roedd bywyd yn galed, yn enwedig pan ddaeth y gaeaf.

Yn 1982 penderfynwyd taw protest i ferched yn unig byddai Greenham. Clymodd rhai merched eu hunain i'r ffens – y ffens a ddaeth yn brif symbol y brotest. Dechreuodd ddenu sylw yn y wasg ac ennill cefnogaeth nifer o fudiadau heddwch. Cyrhaeddodd pebyll, bwyd a blancedi, a daeth mwy a mwy o ferched o dros y byd atyn nhw.

Er bod rhaid i Ann fynd yn ôl i Gymru at ei phlant ac i ofalu am ei thad, roedd hi wedi dechrau protest wnaeth barhau a thyfu. Un tro daeth dros 70,000 o ferched ynghyd i ddal dwylo o amgylch y 9 milltir o ffens, 8 troedfedd o uchder, oedd yn amgylchynu'r safle.

Clymwyd tedis a dillad babis i'r ffens i ddangos bod arfau niwclear yn fygythiad i ddyfodol plant dros y byd. Daeth y ffens yn waith celf lliwgar.

Yn 1991 tynnwyd yr arfau niwclear o Gomin Greenham ond arhosodd rhai merched tan i'r safle gael ei drosglwyddo yn ôl i feddiant y bobl.

Gardd Heddwch Greenham

Heddiw mae Gardd Heddwch yno i gofio am y brotest. Mae cerflun siâp fflam ar y safle, a saith o gerrig mawr o Gymru i gynrychioli tân y gwersyll a'r merched o Gymru, gan gynnwys Ann Pettitt, a ddechreuodd un o brotestiadau mwyaf eiconig yr oes fodern.

WYDDOST TI?

Mae dyddiadur Ann o'r brotest bellach yn Llyfrgell Genedlaethol Cymru.

CÂN I HELEN

(Helen Wyn Thomas 1966–1989)

Er ei bod hi'n brotest ddi-drais bu farw un protestiwr, Helen Thomas o Gastellnewydd Emlyn, ar ôl cael ei tharo gan gar heddlu. Helen yw'r unig ferch sydd wedi ei henwi yn yr Ardd Heddwch.

Cranogwen

(Sarah Jane Rees)

Llangrannog
1839–1916

Morwr / Bardd / Awdur / Athrawes / Golygydd

Ymhell cyn amser Mr Urdd a'r gwersyll, ar gyrion pentref glan môr Llangrannog, ganwyd Sarah Jane Rees (enw barddol oedd Cranogwen). Roedd yn bentref prysur, a'r porthladd yn fwrlwm o sŵn a llongau.

Fel bron bob teulu arall yno roedd nifer o'r dynion yn forwyr. Roedd tad Sarah Jane yn gapten llong a'i brodyr David a Daniel yn forwyr o fri. Teimlai Sarah Jane fach dynfa'r môr hefyd. Er i'w mam drio ennyn ei diddordeb mewn gwnïo a choginio, roedd Sarah yn eu casáu. Roedd ganddi awch am ddysgu, darllen ac antur!

I blesio'i mam cafodd swydd yn Aberteifi yn gwnïo ffrogiau, ond 10 diwrnod yn ddiweddarach roedd hi'n ôl yn Llangrannog, yn erfyn ar ei thad i adael iddi fynd i'r môr ar ei long gargo.

Roedd yn fywyd caled, a bu'n gweithio ochr yn ochr â'i thad ar fwrdd ei long yn teithio o Gymru i Ffrainc. Un tro, cawson nhw eu dal mewn storm, a Cranogwen achubodd y llong a bywydau'r holl forwyr oedd arni gyda'i chyfarwyddiadau doeth.

Aeth i ysgol forol yn Lerpwl a Llundain, gan ennill tystysgrif oedd yn ei galluogi i fod yn gapten ar unrhyw long yn y byd.

Yn 21 oed dychwelodd adre a daeth yn brifathrawes ar ysgol leol Pontgarreg, er gwaetha'r ffaith bod nifer o rieni a llywodraethwyr yn ei herbyn. Yn 1859 cafodd wireddu breuddwyd pan sefydlodd ysgol forwriaeth yn Llangrannog, lle gallai drosglwyddo'i sgiliau morwrol ac astrolegol i gannoedd o ieuenctid yr ardal. Roedd Cranogwen yn giamstar ar ddefnyddio'r sêr i ddangos y ffordd wrth deithio ar draws y moroedd mawr.

SECSTANT SÊR

– teclyn byddai Cranogwen wedi ei ddefnyddio i lywio llong, trwy fesur yr ongl rhwng dau wrthrych, fel seren a llinell y gorwel. Heddiw mae teclynnau GPS yn llywio llongau ond mae morwyr yn dal i gael eu dysgu i ddefnyddio'r sêr hefyd.

Aeth nifer o ddisgyblion Sarah ymlaen i gapteinio cannoedd o longau, gan ymweld â phedwar ban byd. Daeth yn anrhydedd i gael eich adnabod fel un o 'Gapteiniaid Cranogwen'.

Cranogwen y bardd

1865 – ennill gwobr yn yr Eisteddfod Genedlaethol am farddoniaeth – y ferch gyntaf i wneud hynny.

1870 – cyhoeddi cyfrol o farddoniaeth, *Caniadau Cranogwen*.

TORRI EI CHALON

Bu farw Fanny Rees, cariad Cranogwen, o'r diciâu (afiechyd ar yr ysgyfaint) yn ei breichiau. Ond fe wnaeth hi gwrdd â Jane Thomas, a chael perthynas â hi am dros ugain mlynedd.

WYDDOST TI?

Mae fy nhad i'n gapten llong – helô i Gapten W. K. Jones o Brenteg, Porthmadog!

MJJ XX

Cyflawnwyd un o freuddwydion Cranogwen ar ôl iddi farw, sef agor lloches i fenywod digartref yn Nhonypandy yn 1922. Cranogwen ydi enw'r tŷ yma hyd heddiw.

Byddai Cranogwen yn mynd â'i chi i'r capel bob dydd Sul – a fyddai neb yn dweud dim!

SGILIAU CRANOGWEN

- Barddoni ✓
- Mathemateg ✓
- Astroleg ✓
- Lladin ✓
- Dysgu eraill ✓
- Siarad cyhoeddus ✓
- Golygu a sefydlu cylchgrawn i ferched, Y Frythones ✓

LOWRI MORGAN

Tre-gŵyr, Abertawe
1975

Cyflwynwraig a rhedwraig

Beth sy'n gwneud rhedwr da? Calon iach? Coesau cyhyrog? Rhywun sydd ag un goes yn fyrrach na'r llall a nam ar y galon?

Choeliwch chi byth ond dyna'n union sydd gan Lowri Morgan, un o redwyr amlycaf Cymru. Ond tydi hynny ddim wedi stopio Lowri rhag gwneud dim!

Ganwyd Lowri yn ardal y Gŵyr ger Abertawe a tydi hi bellach ddim yn cofio adeg pan nad oedd hi'n rhedeg. Dechreuodd Lowri chwarae rygbi, a gwibiai fel milgi ar hyd yr asgell. Ond cafodd anaf difrifol i'w choes, mor ddifrifol nes dwedodd y doctoriaid na fyddai'n rhedeg byth eto.

Allai Lowri ddim credu'r fath newyddion. Daeth allan o'r ysbyty mewn cadair olwyn, ond gwyddai un peth – mi fyddai hi'n rhedeg eto. Hwyrach ddim fory, meddyliodd, ond rhyw ddiwrnod...

Yn wyrthiol, 4 blynedd wedyn, yn 1995, rhedodd farathon (26 milltir) yn Efrog Newydd – tipyn o gamp!

Roedd sialensiau newydd, mwy eithafol ar y gorwel.

Mewn cyfnod o 4 blynedd rhedodd Lowri bellter o 10,000 milltir – sy'n cyfateb i redeg o Gymru i Tsieina ac yn ôl!

SIALENS 1

Ras yr Amason

Ble: Brasil

Pellter: 138 milltir

Tywydd: Gwres 40°C / Lleithder 90%

Yn croesi afonydd a chorstiroedd mewn tymheredd chwilboeth, a phob math o anifeiliaid fel nadroedd a jagwariaid yn llechu o'i chwmpas, dyma un o rasys mwyaf peryglus y byd. Rhedodd Lowri yn erbyn rhai o'r athletwyr eithafol gorau. Collodd ewinedd bodiau ei thraed a chafodd ei phigo'n ddidrugaredd ar ôl sefyll ar nyth o wenyn meirch ffyrnig.

Daeth Lowri yn agos at roi'r ffidil yn y to, ond cofiodd eiriau ei mam: "Nid drwy beidio â chwympo y daw llwyddiant ond drwy godi ac ailafael yn yr her ar ôl cwympo." Geiriau call iawn!

Gorffennodd Lowri'r ras yn y 10fed safle.

SIALENS 2

MARATHON I FRECWAST?

Pan rydyn ni'n codi ac yn cael brecwast mae Lowri eisoes wedi rhedeg pellter marathon!

"Mae rhedeg yn gwneud fi'n hapus!"

Lowri Morgan

Marathon Wltra 6633

Ble: Yr Arctig

Pellter: 350 milltir

Tywydd: Tymheredd mor isel â -40°C / gwyntoedd 70 m.y.a. / 10 awr o olau dydd a 14 awr o dywyllwch

Paratoadau arbennig: Rhedeg 150+ milltir yr wythnos

Dyma ras a hanner – dim ond 5 person sydd wedi ei chyflawni erioed. Mewn tymheredd isel a gwyntoedd cryfion, y sialens oedd cwblhau'r pellter mewn 8 diwrnod neu lai. Wrth baratoi bu Lowri'n hyfforddi gyda'r fyddin mewn rhewgell enfawr yn Norwy, ac yn ymarfer codi a diosg ei sach gysgu gyda'i llygaid ynghau ac wrth wisgo menig trwchus. Na, nid ras arferol fyddai hon.

Roedd yr oerfel yn cnoi a'r ras yn anodd. Daeth dagrau i'w llygaid, a rhewodd y dagrau ar ei bochau.

Ond un benderfynol oedd Lowri. Tra oedd rhedwyr eraill yn cysgu neu'n cymryd seibiant, roedd Lowri'n dal ati, gan redeg am 46 awr yn ddi-dor. Dim ond 12 awr o gwsg gafodd hi mewn wythnos gyfan! Doedd ganddi neb yn gwmni, dim ond goleuadau'r gogledd yn disgleirio drosti yn y nos.

Roedd pawb arall wedi rhoi'r gorau iddi, a dim ond Lowri oedd bellach ar ôl yn y ras. Torrodd asgwrn yn ei throed, a dechreuodd weld pethau nad oedd yna go iawn, ond roedd y syniad o beidio gorffen y ras yn fwy poenus iddi.

Croesodd y linell derfyn – a gorffen y ras mewn 7 diwrnod 38 munud.

SIOE OLEUADAU ORAU NATUR

Goleuadau'r Gogledd yw'r ffenomenon o oleuadau sy'n dawnsio yn yr awyr ym Mhegwn y Gogledd. Maen nhw'n hynod liwgar ac yn deillio o ronynnau trydanol yr haul yn gwrthdaro ac yn treiddio drwy awyrgylch ein planed. Weithiau gwelir y goleuadau yn yr Alban.

MARY VAUGHAN

Athrawes a mam Sali Mali

"Hoffech chi ysgrifennu ychydig o storïau i blant ar gyfer cylchgrawn yr Urdd?"

Dyna gais caredig gan sylfaenydd yr Urdd, Ifan ab Owen Edwards, i Mary Vaughan Jones, athrawes yn Ysgol Gymraeg Aberystwyth, gan fod ganddi ddawn naturiol am ysgrifennu a dweud stori.

Ganol y 1950au oedd hi, ac roedd Mary wedi bod yn athrawes ers blynyddoedd. Ei hoff adeg o'r dydd oedd amser stori a byddai'n diddanu'r dosbarth gyda hynt a helynt Tomos Caradog, llygoden fach ddireidus. Roedd Mary wastad yn dyfeisio storïau, yn creu cymeriadau a chaneuon i'r plant a hwythau wrth eu bodd hefo hi fel athrawes.

Derbyniodd Mary y cais a throdd yr athrawes yn awdur. Dyma'r cyfnod pan agorwyd mwy o ysgolion Cymraeg ac felly roedd angen mwy o lyfrau Cymraeg.

Ysgifennodd ddegau o storïau ac erthyglau i gylchgronau'r Urdd. Roedd un stori am Tomos Caradog yn mynd yn sâl a chyrhaeddodd nifer o anrhegion 'Brysia wella' iddo yn swyddfa'r Urdd, wedi eu hanfon gan blant bach Cymru.

Maenan ger Llanrwst
1918–1983

WYDDOST TI?

Ysgol Gymraeg Aberystwyth oedd yr ysgol gyfrwng Cymraeg gyntaf. Bellach mae dros 450 o ysgolion Cymraeg yng Nghymru.

WYT TI ERIOED WEDI GWISGO FEL UN O GYMERIADAU MARY I DDATHLU DIWRNOD Y LLYFR?

JONES

Yn 1969, a hithau bellach yn gweithio yn y coleg ym Mangor, cyhoeddodd Mary lyfr cyntaf y gyfres Darllen Stori, gan gyflwyno'r genedl i gymeriad hoffus mewn ffrog oren – Sali Mali. Daeth llond stabl o gymeriadau eraill yn gwmni i Sali Mali wedyn – Jac Do, Jac y Jwc, y Pry Bach Tew, Nicw Nacw ac wrth gwrs, Tomos Caradog.

Dysgodd cannoedd o blant sut i ddarllen gyda help llyfrau Mary. Gwerthwyd y gyfres Darllen Stori i dros 15 o wledydd, gan gynnwys yr Almaen, Sbaen, Norwy a hyd yn oed Corea.

Bu Mary farw yn 1983, ac yn anffodus, welodd hi ddim ei chymeriadau yn derbyn llwyddiant byd-eang. Mae ei chymeriadau'n dal yn fyw i blant bach heddiw, gydag awduron newydd bellach yn ysgrifennu'r anturiaethau. Does dim llawer yn cofio enw Mary Vaughan Jones ond mae pawb yn adnabod Sali Mali.

"Ti prin yn gallu taro ar unrhyw un sydd ddim yn gwybod pwy yw Sali Mali." Rebecca Harries, actores chwaraeodd ran Sali Mali.

PARTI PEN-BLWYDD A HANNER!

Yn 2019 roedd Sali Mali yn 50 oed a chafwyd nifer o bartïon i ddathlu. Roedd rhai o adeiladau mwyaf adnabyddus Cymru wedi eu troi'n oren i nodi'r achlysur.

Bob 3 blynedd mae Gwobr Mary Vaughan Jones yn cael ei rhoi i rywun sydd wedi gwneud cyfraniad helaeth i fyd straeon a llyfrau plant. Y darlunydd Jac Jones enillodd y wobr yn 2012 - ef oedd yn gyfrifol am waith graffeg nifer o lyfrau Mary, megis creu Jac y Jwc.

Gwerthwyd cyfres animeiddio Sali Mali i 27 gwlad, a'i chyfieithu i nifer o ieithoedd fel Telwgw, Tamil ac Arabeg.

Roedd Mary yn ffan o ffilmiau Laurel and Hardy. Tybed ai dyna lle daeth y syniad am yr annwyl Jac y Jwc?

Y nifer o lyfrau ysgrifennodd Mary.

"Sali Mali wnaeth ddysgu darllen i fi yn y Gymraeg." Rhys Ifans, actor byd-enwog o'r Wyddgrug sy'n lleisio cyfres animeiddio Sali Mali.

RACHEL ROWLANDS

Sefydlydd busnes Rachel's Organic

Y Borth, Ceredigion
1946

Gaeaf 1982 yw hi, ac mae'r wraig fferm Rachel Rowlands mewn trafferth.

Mae Gareth, ei gŵr, yn yr ysbyty wedi torri ei droed ac mae ganddi fferm odro a thri o blant i ofalu amdanyn nhw ar ei phen ei hun.

Ond nid dyna'r drafferth. Mae wedi bwrw eira'n drwm ac mae Cymru gyfan dan flanced enfawr o eira. Bu'n bwrw'n drwm am dros 36 awr ac mae gwyntoedd cryfion yn chwipio lluwchfeydd eira mor uchel â 19 troedfedd. Mae'r tymheredd wedi gostwng i -20°C.

Does gan Rachel ddim dŵr ond beth sydd ganddi ydi galwyni a galwyni o lefrith. Ond mae fferm odro Brynllys yn Nôl-y-bont wedi ei hamgylchynu gan eira a does dim gobaith i'r lori laeth gyrraedd y fferm.

Beth allai hi ei wneud â'r holl lefrith? Ei arllwys i lawr y draen? Byth! Mae Rachel wedi ei magu i beidio gwastraffu – mae gan bopeth ei bwrpas oedd neges ei mam, Dinah, o hyd.

Aeth Rachel i nôl hen offer creu menyn ei mam a llyfr ryseitiau ei nain. A dyma Rachel yn troi'r llefrith yn hufen a menyn i'w dosbarthu i'r bobl leol oedd yn methu cyrraedd y siopau.

Ysbrydolwyd Rachel ymhellach gan lyfr ryseitiau ei nain, Bessie Brown, a dechreuodd ddefnyddio llefrith Brynllys i wneud iogwrt i'w werthu'n lleol. Gwartheg godro Guernsey oedd ar y fferm, gwartheg brown a gwyn sy'n cynhyrchu llefrith euraid a thew – sy'n berffaith ar gyfer gwneud iogwrt blasus.

Tyfodd y galw am yr iogwrt a sefydlwyd cwmni Rachel's Organic. Mewn llai na 10 mlynedd agorwyd ffatri yn Aberystwyth i gynhyrchu iogwrt, llefrith, menyn, pwdin reis a hufen. Gwelwyd potiau iogwrt Rachel's ar silffoedd archfarchnadoedd Prydain gyfan, yng ngwesty moethus y Ritz, a hyd yn oed ar drên yr Eurostar.

Gwerthodd Rachel a Gareth y cwmni am £1.5 miliwn yn 1999 er mwyn i Rachel fynd yn ôl i weithio ar y fferm, yn ôl at y tir a'r gwartheg godro.

"Rwy'n falch iawn bod rhywbeth a ddechreuodd o ganlyniad i helbul wedi dod yn frand eiconig." Rachel Rowlands.

Heddiw mae Rachel's Organic yn parhau i fod yn frand adnabyddus sy'n cael ei adnabod fel un o gwmnïau mwyaf ecogyfeillgar Prydain. Yn storm eira 1982 ganwyd un o gwmnïau bwyd mwyaf llewyrchus ac adnabyddus Cymru.

6,000 litr o lefrith – gall un fuwch Guernsey gynhyrchu hyn mewn blwyddyn.

Ailgylchu

Potiau iogwrt Rachel oedd y cyntaf ym Mhrydain i fod yn ailgylchadwy. Plastig ydi'r defnydd sy'n cael ei ddefnyddio fwyaf wrth becynnu bwyd ond mae'n anodd iawn i'w ailgylchu.

75 MILLTIR

– daw'r llefrith i gynhyrchu iogwrt Rachel's Organic o fewn 75 milltir i Aberystwyth.

FFERM BRYNLLYS

yn arwain y gad

Brynllys oedd un o ffermydd organig cyntaf Prydain. Roedd gan Dinah, mam Rachel, weledigaeth gref am sut i drin tir y fferm efo dulliau naturiol.

12,000 – nifer y ffermwyr llaeth ym Mhrydain.

1.9 miliwn – nifer y gwartheg llaeth ym Mhrydain.

Maeth o'r môr

Pan oedd Rachel yn fach byddai'n mynd i'r traeth i nôl gwymon i'w osod ar gaeau'r fferm. Mae gwymon yn llawn potasiwm, sinc, haearn a nitrogen, sydd yn ychwanegu maeth i'r pridd.

Wyddost ti?

2.2. miliwn tunnell fetrig – y gwastraff deunydd plastig sy'n cael ei gynhyrchu ym Mhrydain.

MARGARET HAIG THOMAS (IARLLES Y RHONDDA)

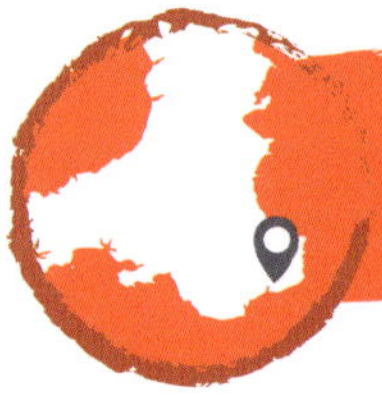

Magwyd yn Llanwern
1883–1958

Swffragét

Ganwyd Margaret i deulu cyfoethog iawn. Roedd hi'n unig blentyn, ac roedd ei chartref yn Llanwern yn foethus gyda nifer o weision a morynion. Tyfodd Margaret i fod yn ferch benderfynol iawn, a daeth i sylweddoli'n ifanc nad oedd gan ferched yr un hawliau â dynion y cyfnod.

Merched yn cael pleidleisio X

Merched yn cael sefyll mewn etholiad X

Lliwiau'r Swffragetiaid

Piws = urddas
Gwyn = purdeb
Gwyrdd = gobaith

Slogan y Swffragetiaid:

"GWEITHREDOEDD NID GEIRIAU."

Ymunodd Margaret â'r Women's Social and Political Union dan arweinyddiaeth Emmeline Pankhurst a'i merched Christabel a Sylvia. Dyma'r Swffragetiaid.

Nod: Cael yr hawl i ferched bleidleisio.
Sut? Creu anhrefn a chael eu harestio.

Trefnodd Margaret nifer fawr o gyfarfodydd. Ond nid pawb oedd yn cytuno â hi a byddai rhai pobl yn taflu tomatos, a hyd yn oed pennau pysgod ati wrth iddi siarad.

Trodd y Swffragetiaid at ddulliau mwy treisgar – ac oedd, roedd Margaret yn ei chanol hi!

1910 – torri drwy'r dorf a neidio i mewn i gar y Prif Weinidog Asquith.

1913 – cynnau tân mewn blwch postio yng Nghasnewydd a chael ei hanfon i'r carchar. Roedd gan y Swffragetiaid dacteg o wrthod bwyta tra oedden nhw'n cael eu carcharu, a dyna'n union wnaeth Margaret. Cafodd ei rhyddhau 5 diwrnod ar ôl dechrau ei streic newyn.

MENYW A HANNER!

1. Roedd hi ar fwrdd 33 o gwmnïau.
2. Hi oedd y ferch a enillai'r cyflog uchaf ym Mhrydain.
3. Sefydlodd gylchgrawn, *Time and Tide*, oedd yn llawn erthyglau gan awduron enwog.

Yn 1914 dechreuodd y Rhyfel Byd Cyntaf, a phenderfynodd y Swffragetiaid atal yr ymgyrch dros y bleidlais a chanolbwyntio ar gefnogi ymgyrch y rhyfel.

Sicrhaodd Margaret fod merched yn chwarae rhan allweddol yn yr ymgyrch. Recriwtiodd ferched i Wasanaeth Cenedlaethol y Merched. Aeth miloedd o ferched i weithio mewn ffatrïoedd arfau, neu fel nyrsys, ac mewn pyllau glo. Y bwriad oedd dangos bod merched yr un mor weithgar â dynion.

Wedi diwedd y rhyfel yn 1918 pasiwyd deddf a chafodd merched dros 30 oed yr hawl i bleidleisio am y tro cyntaf.

Ond roedd rhaid aros tan 1929 (o'r diwedd) i bob merch gael yr un hawliau pleidleisio â dynion.

Oherwydd gweithredodd menywod dewr fel Margaret mae merched wedi chwarae rhan allweddol yn siapio hanes ein cenedl ni.

Dulliau'r Swffragetiaid:

- Tarfu ar sesiynau'r Senedd.
- Clymu eu hunain i reiliau.
- Chwalu ffenestri.
- Llosgi eglwysi.
- Cynnal gorymdeithiau enfawr.
- Ymosod ar wleidyddion.
- Gosod blychau post ar dân.
- Hollti peintiadau enwog mewn arddangosfeydd.
- Mynd ar streiciau newyn.

Brenhines Fictoria am y Swffragetiaid:

"Ffolineb milain a gwallgo!"

Diolch, Fictoria!

1893 – Seland Newydd oedd y wlad gyntaf yn y byd i roi'r bleidlais i ferched.

1906 – Y Ffindir oedd y wlad Ewropeaidd gyntaf i adael i ferched sefyll mewn etholiadau.

ANNIE ATKINS

Dylunydd graffeg o fri!

Wyt ti erioed wedi gwylio ffilm a gweld y rhestr o enwau yn ymddangos ar y sgrin ar y diwedd? Mae creu ffilm yn waith tîm enfawr – actorion, cyfarwyddwyr, crefftwyr, a llawer mwy. Un o'r crefftwyr yma ydi Annie Atkins o Ddolwyddelan.

Cafodd Annie ei magu mewn tŷ oedd yn llawn cariad, celf a chreadigrwydd. Artistiaid oedd ei rhieni, gyda'i mam yn braslunio bob dydd a'i thad yn dylunio cloriau recordiau i fandiau enwog fel Pink Floyd.

Roedd Annie yn ysu am gael bod yn arlunydd hefyd, ac aeth i wneud gradd mewn celf a gradd mewn ffilm yn Nulyn. A dyna pryd agorodd y drws perffaith i Annie – dylunydd graffeg ym myd ffilm a theledu – a chael cyfle i ddefnyddio ei sgiliau arlunio a chreu pethau.

Swydd gyntaf Annie oedd gweithio ar *The Tudors* – cyfres am Frenin Harri'r 8fed. Annie oedd yn gyfrifol am ddylunio'r llythyrau a'r propiau a ddefnyddiwyd ar y set.

Y propiau yw'r pethau sy'n cael eu defnyddio gan yr actorion.

Mae ei gwaith yn hanfodol i helpu'r actorion a'r cyfarwyddwr deithio i'w byd dychmygol a chreu gwlad rydyn ni fel cynulleidfa yn medru teithio iddi.

Mae gwaith Annie yn amrywiol iawn. Gall deithio o fyd y Tuduriaid yn Llundain, i'r Almaen yn y 1950au ac i wledydd ffantasi drwy brosiectau gwahanol. Mae gan Annie reol – creu â llaw unrhyw beth fyddai wedi ei wneud â llaw yn y cyfnod, a chreu â pheiriant unrhyw beth sy'n cael ei greu â pheiriant heddiw.

Ar garlam!

Dim ond am eiliadau yn unig mae 95% o bropiau Annie yn ymddangos ar y sgrin.

SBWRIEL NEU YSBRYDOLIAETH?

Mae Annie'n mwynhau chwilota mewn siopau elusen am hen lythyrau a chardiau o wahanol gyfnodau mewn hanes.

Gwaith dylunwyr graffeg mewn ffilm:

- Creu unrhyw beth sydd â llythrennau arno.
- Creu unrhyw beth sydd â phatrwm arno.
- Creu unrhyw beth sydd â llun arno.
- Creu unrhyw beth sydd wedi ei wneud o bapur.

GWAITH ANNIE =
50% CREU Â LLAW
+ 50% CREU AR Y CYFRIFIADUR

BOD YN SLEI...

Mae Annie weithiau, yn dawel bach, yn cynnwys enwau pobl mae hi'n eu hadnabod ar y propiau, fel Siop Flo Sidaway yn y gyfres *Penny Dreadful* sydd wedi ei enwi ar ôl plentyn bedydd Annie.

Mae pobl ledled y byd wedi gwirioni â chrefft a dawn ei gwaith dylunio, ac mae rhai o'r propiau mae hi wedi eu creu bellach yn eitemau eiconig. O'i stiwdio yn Nulyn mae wedi dylunio pethau ar gyfer ffilmiau rhai o gyfarwyddwyr mwyaf y byd.

Wrth weithio ar ffilm *The Grand Budapest Hotel* gan y cyfarwyddwr Wes Anderson, aeth Annie i fyw ar y set yn Gorlitz yn yr Almaen, gan fod angen gymaint o bropiau a gwaith celf ar y set.

Mae prop a grëwyd gan Annie, sef bocs siocled pinc o siop ddanteithion Mendls, yn eiconig ac mae copïau'n cael eu gwerthu am gannoedd o bunnoedd.

WYDDOST TI?

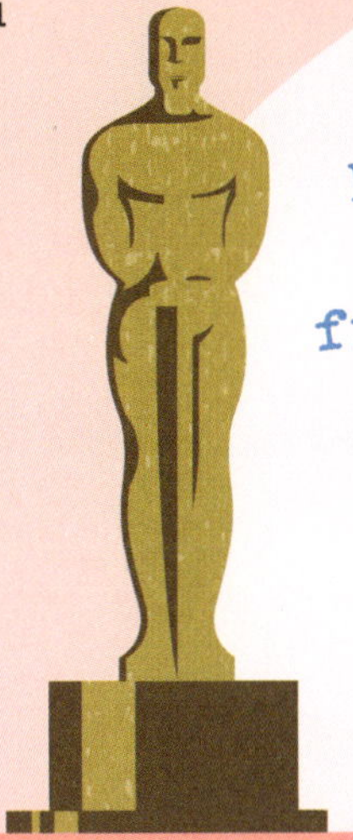

Annie hefyd greodd yr holl bapurau newydd ffug ac arian ar gyfer gwlad ffug y ffilm The Grand Budapest Hotel – gwlad o'r enw Zubrowka.

Yn 2015 enillodd tîm cynhyrchu creadigol y ffilm Oscar am eu gwaith creadigol gwych.

"Dydw i ddim yn wych yn unrhyw beth, rydw i'n gwybod ychydig bach am bopeth ac wedi dysgu twyllo dros y blynyddoedd."

ANNIE ATKINS

MARY QUANT

Dylunydd ffasiwn

Blackheath, Llundain
1930

"Mary!" gwaeddodd ei mam.

Roedd Mary yn gwybod yn union pam roedd hi am gael ffrae. Roedd hi wedi torri ei dillad gwely efo siswrn i wneud dillad i'w doli. Dechreuodd diddordeb Mary mewn ffasiwn yn gynnar iawn!

Cafodd ei geni i Jack a Mildred Quant, athrawon o dde Cymru oedd yn athrawon yn Llundain, ac mae Mary wastad wedi cyfrif ei hun yn Gymraes.

Ffasiwn oedd bywyd Mary, ond gwrthododd ei rhieni adael iddi fynychu coleg ffasiwn, gan boeni nad oedd dyfodol iddi yn y maes. Astudiodd gelf ond gyda'r nos byddai'n mynychu dosbarthiadau i ddysgu am dorri patrymau a gwella sgiliau gwnïo.

Yng Ngholeg Goldsmiths fe wnaeth hi gwrdd ag Alexander Plunkett Green. Syrthiodd y ddau mewn cariad a phriodi. Roedden nhw'n berffaith i'w gilydd – Mary yn greadigol ac Alexander â phen busnes a marchnata heb ei ail.

2009 – rhoddwyd llun sgert fini Mary ar stamp yn clodfori deg dyluniad gorau Prydain erioed.

Penderfynodd y ddau gyfuno eu sgiliau gan agor siop ddillad Bazaar ar King's Road, Llundain. Dim ond 25 oed oedd Mary a bu'n dylunio a chreu dillad i bobl ifanc oedd yn llawn hwyl, lliw a llun. Ar drothwy degawd lliwgar y 1960au roedd Mary yn deall nad oedd genod ifanc eisiau gwisgo fel eu mamau. Roedden nhw eisiau dillad oedd yn ffres ac yn eu galluogi i symud yn rhydd.

Un o hoff fodelau ffasiwn Mary oedd Grace Coddington oedd yn dod o Ynys Môn. Aeth yn ei blaen i fod yn gyfarwyddwr creadigol cylchgrawn *Vogue* yn America, cylchgrawn ffasiwn mwya'r byd.

"Holl bwynt ffasiwn ydi gwneud dillad ffasiynol sydd ar gael i bawb."

MARY QUANT

Roedd llwyddiant y siop yn bwysig iawn i Mary. Byddai unrhyw elw o'r gwerthiant yn cael ei ddefnyddio i brynu deunydd i wneud ffrogiau newydd dros nos, fel bod stoc ffres o ddillad ar gael i'w prynu bore wedyn.

Enwyd y sgert mini ar ôl hoff gar Mary – y Mini Cooper, eicon arall yn y 1960au.

LLUNDAIN RHY BELL? DIM PROBLEM!

Roedd cwsmeriaid yn medru prynu'r patrwm i greu a gwnïo ffrogiau Mary Quant gartref, ac roedd merched yn medru prynu dol Daisy oedd yn gwisgo ffrogiau Mary. 'Dol fwyaf ffasiynol y byd' yn ôl y bocs.

Roedd Bazaar yn ganolbwynt i Lundain y 1960au – yn fwrlwm o bobl ifanc, cerddoriaeth uchel, ac ar agor tan yn hwyr y nos. Yn aml gwelwyd aelodau'r Beatles, band mwyaf poblogaidd y byd, yn siopa yno, yn chwilio am ffrog neu ddwy i'w cariadon. (Mary wnaeth ddillad priodas George Harrison, aelod o'r Beatles, a'i wraig brydferth Patty Boyd.)

Erbyn 1967 roedd gan 7 miliwn o ferched o leiaf un dilledyn gan Mary Quant yn eu cwpwrdd dillad.

Ond roedd un eitem a ddyluniodd Mary yn dwyn mwy o sylw nag unrhyw beth arall – y mini. Yn ystod y 1960au aeth sgertiau Mary yn fyrrach ac yn fyrrach nes ganwyd y sgert mini, a galwyd Mary yn 'fam y sgert mini' – er iddi hi ddadlau mae'r cwsmeriaid oedd yn gofyn iddi fynd â'r dillad yn fyrrach.

Mae plac glas ar rif 138 Kings Road yn nodi lleoliad Bazaar.

Daeth y mini yn un o symbolau'r degawd – llawn hwyl a rhyddid. Enillodd Mary fedal gan y Frenhines am ei gwaith dylunio ond galwodd y Pab y mini yn 'anweddus' (wel, allwch chi byth â phlesio pawb!).

Mae dylanwad Mary ar fyd ffasiwn i'w deimlo hyd heddiw a gwelwyd dros 500,000 o bobl yn ymweld ag arddangosfa o'i chasgliadau ffasiwn yn amgueddfa'r V&A yn 2019.

Doedd dim rhaid i Jack a Mildred boeni am ddyfodol eu merch wedi'r cwbl – roedd hi'n seren!

WYDDOST TI?

Mary oedd un o'r bobl wnaeth y dwfe yn boblogaidd ym Mhrydain.

SHIRLEY BASSEY

Cantores fyd-enwog

Ar stryd yn ardal Sblot, Caerdydd, mae merch fach yn glanhau stepen drws cartref ei theulu. Yn lle cwyno am ei thasg mae hi'n canu, gan wneud i'w chymdogion wenu.

Ond mae ei brodyr a'i chwiorydd *yn cwyno*, gan nad ydi Shirley fach yn stopio canu, ac yn yr ysgol mae'n cael ei gwahardd o'r côr am ganu gormod.

Ond pwy feddyliai y byddai Shirley Bassey yn dal i ganu ar rai o lwyfannau mwyaf y byd yn 80 oed?

Yn wreiddiol o ardal Bae Teigr, Caerdydd, gadawodd Shirley yr ysgol pan oedd hi'n 14 oed i weithio mewn ffatri yn pacio sosbenni. Roedd ei thad wedi gadael y teulu pan oedd hi'n 2 oed ac roedd bywyd wedi bod yn anodd iawn. Breuddwydiai am fod yn fodel ffasiwn a chael gwisgo dillad newydd sbon, gan taw hen ddillad ei chwaer fawr yn unig roedd hi'n cael eu gwisgo.

Un peth oedd yn mynd i godi Shirley allan o'r tlodi – ei llais!

Dechreuodd drwy ganu mewn clybiau a thafarndai, gan ennill £2 y noson. Roedd llais Shirley yn ddramatig ac yn llawn emosiwn ac roedd pobl wrth eu bodd yn gwrando arni.

Yn 1953 enillodd gytundeb recordio a bu'n perfformio yn rhai o theatrau mawr Llundain. O fewn dwy flynedd roedd wedi canu yn Efrog Newydd a Las Vegas.

Oherwydd ei llais anhygoel, mae Shirley wedi canu ar rai o lwyfannau enwocaf y byd.

NYRSIO – DIM DIOLCH!

Bwriad Shirley i ddechrau oedd bod yn nyrs. Un broblem... roedd arni ofn gwaed!

Ond tydi bywyd Shirley ddim wedi bod yn fêl i gyd – bu farw ei merch Samantha a diflannodd llais Shirley oherwydd ei galar. Cymerodd hi dros flwyddyn o weithio gyda hyfforddwr i'w llais ddod yn ôl. Gyda dewrder camodd yn ôl i fyd perfformio, ac yn 1999 agorodd Bencampwriaeth Rygbi'r Byd yng Nghaerdydd mewn ffrog lachar o faner y ddraig goch.

"Dwi erioed wedi cael gwers ganu... fedra i ddim darllen cerddoriaeth. Mae fy llais i mewn yn fama." (gan bwyntio at ei chalon)

SHIRLEY BASSEY

Cafodd y brif rodfa y tu allan i Ysbyty Arch Noa ei hailenwi'n Ffordd y Fonesig Shirley Bassey i gydnabod ei chefnogaeth i'r elusen.

Roedd ei gyrfa yn mynd o nerth i nerth. Daeth yn fyd-enwog ar ôl iddi ganu caneuon ffilmiau James Bond, *Diamonds are Forever* a *Goldfinger*. Mae nodyn olaf anthem *Goldfinger* mor hir mae'n debyg fod Shirley wedi llewygu wrth recordio'r gân.

Mae Shirley yn enwog am ei ffrogiau gwefreiddiol, ac am roi sioe dda i'r gynulleidfa.

70 MLYNEDD YN PERFFORMIO

105 SENGL

70 ALBWM

140 MILIWN O RECORDIAU WEDI'U GWERTHU

PWFF-PWFF-PWFF

Mae un o gerbydau trên bach yr Wyddfa wedi ei enwi yn Shirley Bassey.

The Wizard of Oz

Fe welodd Shirley y ffilm a phenderfynu ei bod am fod mor enwog â Judy Garland, seren y ffilm.

LUCY THOMAS

Mam y diwydiant glo

Wyt ti'n medru dychmygu bywyd heb ddarllen nac ysgrifennu? Doedd Lucy Thomas, fel y rhan fwyaf o boblogaeth Cymru ei chyfnod, ddim yn medru darllen nac ysgrifennu. Ond aeth Lucy yn ei blaen i fod yn un o ddiwydiannwyr mwyaf llwyddiannus Cymru, ac mae hyn yn gwneud ei bywyd hi yn un anghyffredin iawn.

Gadewch i ni gamu yn ôl i 1833 pan fu farw Robert Thomas, gŵr Lucy, gan ei gadael hi'n wraig weddw ac wyth o blant i'w bwydo.

Roedd Robert yn berchen ar bwll glo Waun Wyllt ger Merthyr Tudful, pwll glo bach, a neb yn meddwl y byddai unrhyw beth yn dod ohono. Doedd merched ddim yn rhan o'r byd busnes, ac roedd gwraig weddw yn cymryd awenau busnes ei gŵr yn anarferol.

Dan arweinyddiaeth Lucy, daeth gwyrth. Darganfuwyd gwythïen gyfoethog o lo ym mhwll Waun Wyllt – glo o'r ansawdd gorau hefyd.

EISIAU DYSGU MWY?

Ewch i Amgueddfa Lofaol Cymru, neu'r Pwll Mawr, ym Mlaenafon i ddarganfod mwy am fywyd mewn pwll glo a chael mynd o dan ddaear.

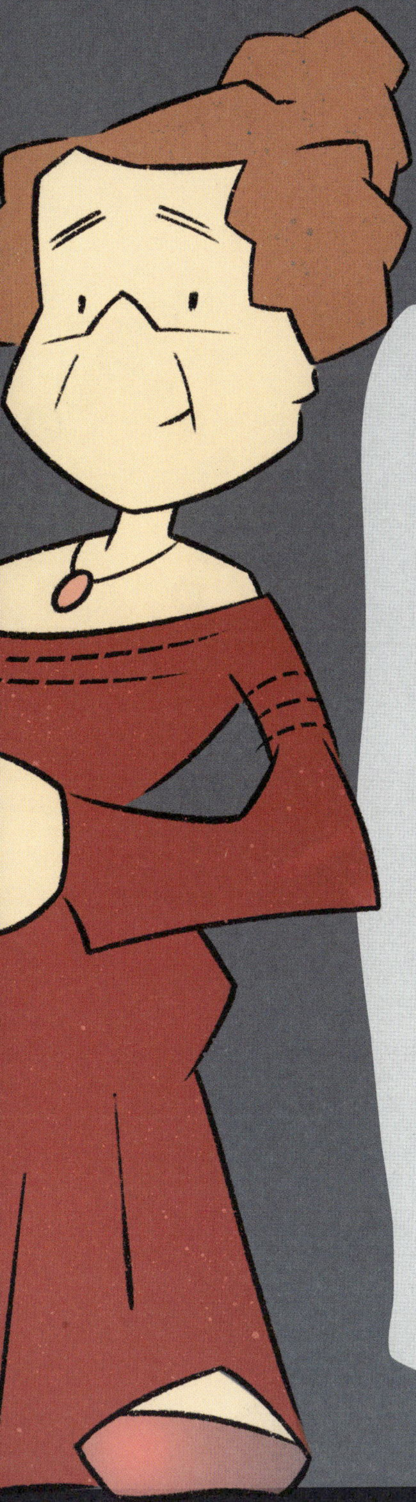

1906

- adeiladwyd ffynnon ddŵr ar stryd fawr Merthyr er cof am Lucy a'i gŵr.

1913

- Y Barri oedd porthladd allforio glo mwyaf y byd, a Chaerdydd yn ail.

Penderfynodd Lucy fynd i daro bargen â masnachwyr o Lundain – system fasnachu i gyflenwi 3,000 tunnell o lo y flwyddyn. Oherwydd hyn cafodd glo o Gymru enw da o gwmpas y byd i gyd. Glo Cymru oedd y gorau.

Datblygodd y pwll glo i fod dros 10 gwaith yn fwy llwyddiannus nag yr oedd yng nghyfnod ei gŵr. Ond nid pawb oedd yn falch o weld merch mor flaengar yn y byd busnes. Gwrthodwyd mynediad i Lucy i'r Gyfnewidfa Lo yng Nghaerdydd ac ysgrifennodd hi lythyr yn dweud:

"Mae fy nglo i cystal â glo unrhyw ddyn."

Dyna'u rhoi nhw yn eu lle! Am 14 blynedd hi oedd yn ngofal y busnes ond bu farw yn 1847 o'r dwymyn teiffoid.

Mewn cyfnod pan oedd dynion (a dynion yn unig) yn arwain y gad mewn busnes a diwydiant, mi wnaeth Lucy Thomas dynnu sylw at ei sgiliau a chael effaith fawr ar un o ddiwydiannau pwysicaf Cymru.

Mae dogfennau o Archifdy Morgannwg yn dangos bod Lucy yn arwyddo ei henw efo marc X fawr, oherwydd doedd hi ddim wedi dysgu ysgrifennu.

PAM MAE GLO CYMRU YN DDA?

Mae'n llosgi'n boeth iawn ac yn creu llai o ludw na glo arferol.

£1,000

- GWERTH PWLL GLO WAUN WYLLT DAN ROBERT.

£11,000

- GWERTH PWLL GLO WAUN WYLLT DAN LUCY (GWERTH £1,149,752.29 HEDDIW)

YR ATHRO MEENA UPADHYAYA

Gwyddonydd ac ymchwilydd geneteg

Delhi, India
1954

Nid ar dir Cymru mae stori Meena'n dechrau ond 4299 milltir i ffwrdd yn Delhi, India.

Yn 18 oed, priododd Meena mewn priodas gafodd ei threfnu gan ei rhieni (sy'n ddigwyddiad cyffredin yn India). Yn fuan wedyn gadawodd India gyda'i gŵr newydd, Krishna, i sefydlu cartref ym Mhrydain. Erbyn y 1970au roedd y ddau wedi setlo yng Nghaerdydd.

Dychmygai Meena mai gweithio mewn siop fyddai hi ond roedd Krishna wedi gweld bod gan ei wraig ifanc dalent am wyddoniaeth a chafodd ei hannog i ddilyn cwrs yn y brifysgol.

Roedd bywyd ym mhrifddinas Cymru yn braf, roedd y ddau'n gweithio yn galed a daeth ei merch, Rachna, yn goron ar y cwbl. Roedd y tri wrth eu bodd yn ymweld â pharciau Caerdydd ar y penwythnosau.

Ond yna daeth trychineb. Bu farw Krishna yn arswydus o sydyn. Dymuniad rhieni Meena oedd iddi hi a Rachna ddychwelyd i India ond gwyddai Meena mai yng Nghaerdydd oedd ei lle, ac roedd ei gwaith ymchwil yn dechrau dwyn ffrwyth.

Arbenigedd Meena oedd astudio salwch genetig. Roedd hi'n datblygu profion arloesol i ddysgu mwy am dros 20 o glefydau genetig. Roedd ei gwaith ymchwil yn taflu goleuni ar glefydau doedd dim llawer o wybodaeth amdanyn nhw, ac roedd hi'n gwybod y gallai hi wneud gwahaniaeth i fywydau miloedd o bobl.

Nodweddion
sydd yn cael eu
hetifeddu:
• Lliw llygaid
• Taldra
• Maint traed

DIOLCH AM FFRINDIAU

Weithiau byddai'n rhaid i Meena aros yn y labordy am dros 18 awr a byddai ei ffrindiau yn helpu i warchod Rachna.

Mae rhai clefydau'n cael eu trosglwyddo o un genhedlaeth i'r llall - clefydau genetig yw'r rhain.

SNAP!

Wyt ti'n efaill 'run ffunud (identical twin) Sy'n rhannu DNA? Mae 40 miliwn o bobl yn y byd yn efeilliaid 'run ffunud, gyda gwlad Benin yn Affrica hefo'r cyfartaledd uchaf o enedigaethau efeilliaid.

Roedd yn rhaid i Meena ymladd i gael ei derbyn a chael cydnabyddiaeth am ei gwaith. Yn aml, byddai ymwelwyr yn ei hanwybyddu hi neu'n credu mai hi oedd y ddynes gweini te. Yn y labordy, hi oedd yr unig un a wisgai sari.

Ond defnyddiodd Meena ei phrofiadau negyddol i wneud rhywbeth cadarnhaol. Sefydlodd wobrau i fenywod Asiaidd o Gymru am eu cyfraniad yn y celfyddydau, busnes a thechnoleg, a gwyddoniaeth.

Mae Meena bellach wedi ymddeol ond mae ei hymchwil yn cael effaith bositif ar fywydau pobl ledled y byd, gan arwain at driniaethau a gobaith am fywyd gwell.

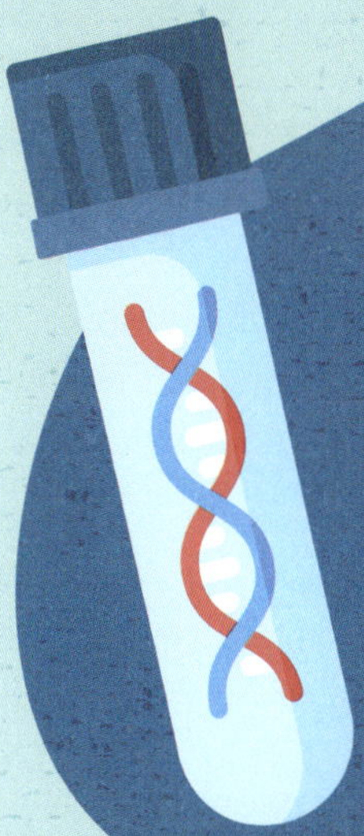

WYDDOST TI?

Mae DNA yn helpu i ddal troseddwyr. Gellir creu proffil unigryw trwy ddefnyddio celloedd maen nhw wedi gadael ar eu hôl.

HELÔ DAD A MAM, NAIN A TAID

Mae pawb yn etifeddu 50% o DNA gan y tad + 50% gan y fam.

"Os wyt ti eisiau cyflawni rhywbeth, paid byth rhoi'r gorau iddi. Os wyt ti wedi rhoi dy feddwl ar wneud rhywbeth - mi alli di ei gyflawni."

MEENA UPADHYAYA

1800 - ganwyd sawl cenhedlaeth o blant glas (ia, GLAS!) i deulu yn Kentucky, America.

GEIRFA

DNA

= Asid deocsiriboniwcleig

DYLUNIO GRAFFEG

Mae dylunwyr graffeg yn defnyddio lliw, llythrennau a llun i bobl ddeall pethau'n well. Wyddost ti fod y llyfr yma wedi ei ddylunio i'w wneud yn fwy deniadol?

CARGO

Mae llong gargo yn cario nwyddau yn hytrach na phobl.

CHWYLDRO DIWYDIANNOL

Dyma'r cyfnod rhwng 1760 a 1840 pan newidiodd tirwedd, diwydiant a chymdeithas Cymru am byth. Heidiodd pobl o gefn gwlad i ddarganfod gwaith mewn trefi diwydiannol megis Merthyr Tudful a Blaenau Ffestiniog.

CYDRADDOLDEB

Cydraddoldeb yw parchu'r gwahaniaeth rhwng pobl, a bod unigolion yn cael eu trin yn deg ac yn gyfartal, beth bynnag yw eu hil, rhyw, oedran, anabledd, crefydd neu duedd rhywiol.

CYFRIFIAD

Bob 10 mlynedd mae Swyddfa'r Ystadegau Cenedlaethol yn gwneud arolwg o bawb sydd yn byw ym Mhrydain. Mae pob teulu yn nodi sawl person sy'n byw yn y tŷ, faint yw eu hoedran, sut maen nhw'n perthyn i'w gilydd a beth yw eu gwaith bob dydd. Mae record y cyfrifiad yn cael ei gadw'n gyfrinach am 100 mlynedd ond mae'n ddogfen hynod o bwysig i haneswyr. A wnest ti ymddangos yng nghyfrifiad 2011 a 2021?

RAS ARFAU

Dwy ochr/gwlad mewn cystadleuaeth ddiddiwedd i geisio cael y nifer fwyaf o arfau dinistriol.

RHYFEL OER

Cyfnod hir o densiwn rhwng America a gwledydd dwyrain Ewrop ac arweinyddiaeth yr Undeb Sofietaidd o 1945 i 1991. Nid oedd ymladd yn ystod y rhyfel ond cafwyd degawdau o fygwth drwy adeiladu storfeydd o arfau dinistriol.

GWEITHGAREDDAU

GWEITHGAREDD

1 RACHEL ROWLANDS

YDY DY GAS PENSILIAU DI'N BAROD?

Mae'n amser godro ar fferm Brynllys yng Ngheredigion ond mae un o wartheg Guernsey hyfryd Rachel ar goll. Pa lwybr sy'n arwain Rachel at y fuwch?

BETH YW DY HOFF FLAS IOGWRT DI?

GWEITHGAREDD

2 MARY QUANT

Rwyt ti wedi ymuno â thîm dylunio ffasiwn Mary Quant. Beth am ddylunio dwy ffrog ar gyfer ei chasgliad newydd?

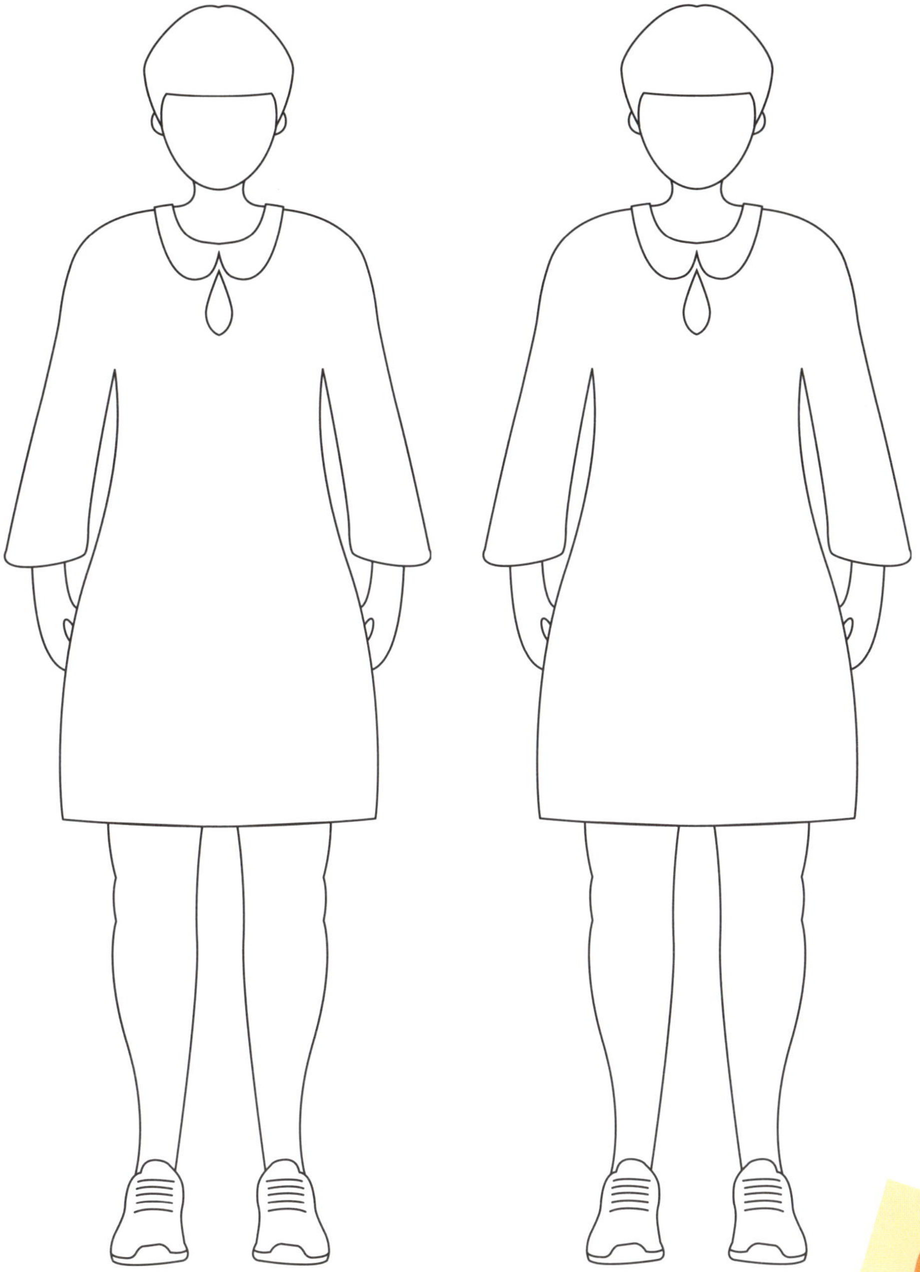

TASG DITECTIF GENOD GWYCH

Cer ar y we i weld lluniau o ffrogiau Mary Quant. Hoffet ti eu gwisgo?

HOFF BETHAU MARY

- LLIWIAU CRYF
- PATRYMAU GEOMETRIG
- COLERI PETER PAN
- HEM FER

CHWILAIR

GWEITHGAREDD

3

F	F	A	S	I	W	N	H	G	X	I	P	Q	B	R
U	P	H	M	Y	K	R	E	K	G	L	N	L	E	Y
H	A	R	M	M	G	N	J	V	I	A	Q	S	X	K
H	T	S	O	N	E	Q	I	V	I	M	U	O	A	A
T	Q	M	Y	T	B	S	U	C	G	I	N	Q	W	S
B	Y	Y	E	W	E	K	E	J	P	L	V	B	E	R
C	M	G	Z	I	P	S	O	Z	N	A	G	R	G	X
T	E	M	M	Y	Q	I	T	I	X	S	O	L	R	J
O	Q	N	A	N	T	W	D	G	S	T	I	Z	A	D
L	M	O	W	G	G	J	H	O	N	A	S	V	F	T
G	U	I	B	D	X	Q	K	A	C	U	R	B	F	U
T	R	W	G	O	I	H	C	I	I	V	S	M	I	T
A	A	A	T	L	C	I	T	W	L	J	J	B	G	D
C	J	Y	F	V	F	K	E	F	T	D	Z	X	H	T
W	H	N	G	Z	O	H	N	O	S	C	J	I	P	D

- CANTORES
- CODI PWYSAU
- FFASIWN
- GENETEG
- GLO
- GRAFFIG
- IOGWRT
- PROTEST
- RASIO
- SALI MALI
- SÊR

GWEITHGAREDD

4 LOWRI MORGAN

O na! Mae Lowri yn rhedeg yn ras anoddaf y byd ac mae anifeiliaid peryglus yn llechu yn y coed. Sut gall Lowri gyrraedd y llinell derfyn yn ddiogel?

DECHRAU

WYDDOST TI FOD AFON AMASON YN 3977 MILLTIR O HYD. WAW!

GWEITHCAREDD

5 ANNIE ATKINS

Newyddion gwych! Mae'r cyfarwyddwr ffilm Wes Anderson yn gwneud ffilm newydd ac angen cymorth i greu propiau realistig i'w fyd dychmygol, lliwgar.

Helpwch Annie i ddylunio arian papur newydd ar gyfer y ffilm.

Cwestiwn neu ddau

- Beth ydi enw'r wlad ddychmygol?
- Mae arian fel arfer yn cynnwys lluniau o arweinwyr y wlad neu anifeiliaid neu blanhigion cynhenid y wlad. Beth fydd ar dy arian dychmygol di?
- Beth ydi gwerth dy arian? Yng Nghymru £ sydd ar ein harian, $ yn America ac E yn Ewrop.
- Pa mor lliwgar fydd dy arian di?

TASG DDITECTIF GENOD GWYCH

Cer ar wefan Annieatkins.com i weld enghreifftiau o bropiau Annie neu gofynna i dy rieni am gael gweld yr arian papur sydd ganddyn nhw – cofia'u rhoi nhw'n ôl!!

GWEITHGAREDD

6 CRANOGWEN

Croeso i ysgol forwriaeth Llangrannog. Dyma dy dasg gan y brifathrawes Cranogwen. Bydd angen côt gynnes arnat ti, ac aros iddi dywyllu tu allan er mwyn cyflawni'r dasg.

PA SIÂP YDI'R LLEUAD HENO?

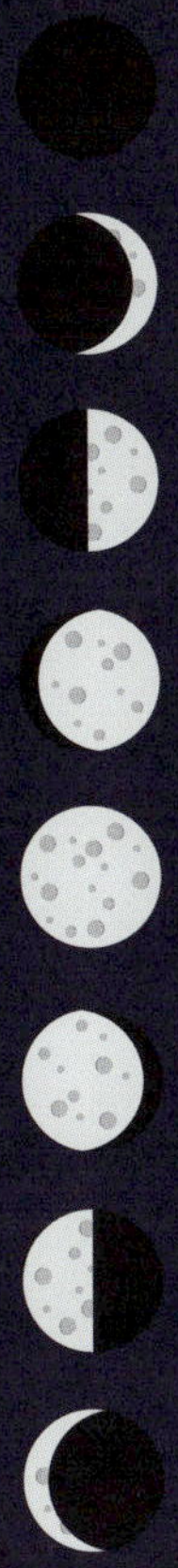

- Lleuad newydd (dim lleuad i'w weld) ☐
- Lleuad ar gynnydd ☐
- Chwarter cyntaf lleuad ☐
- Lleuad amgrom ☐
- Lleuad lawn ☐
- Lleuad amgrom ☐
- Chwarter olaf y lleuad ☐
- Lleuad yn cilio ☐

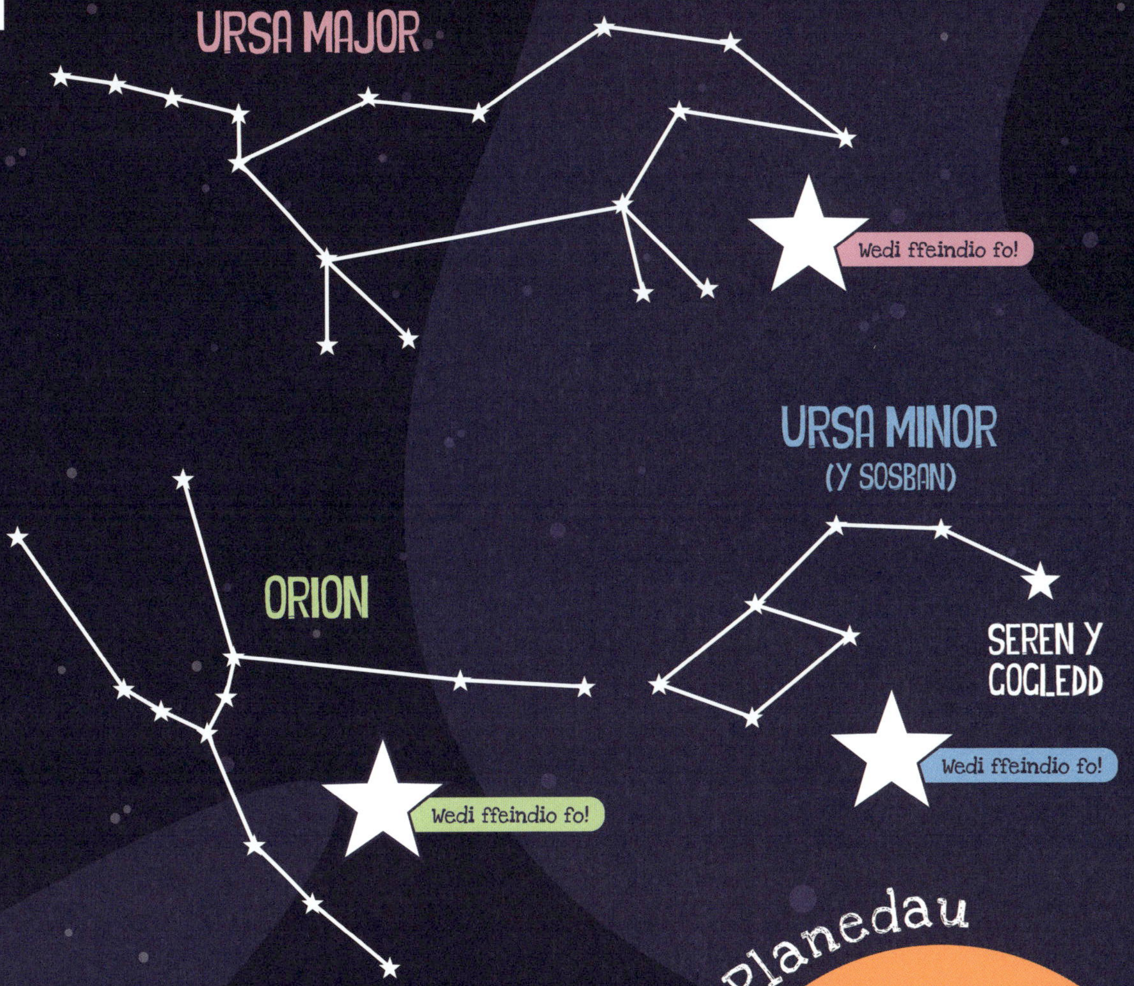

TASG DDITECTIF GENOD GWYCH

Cer ar y we i ddarganfod pryd bydd yr orsaf ofod ryngwladol yn mynd eibio dy dŷ di nesaf.

Help

- Adeg orau'r flwyddyn i weld y sêr yw'r gaeaf, gan ei bod yn tywyllu yn gynt.
- Mae parciau cenedlaethol Cymru yn llefydd gwych i weld sêr. Mae rhai â statws Parc Awyr Dywyll gan fod lefelau pelydredd golau mor isel a'r sêr yn disgleirio yn yr awyr glir.

Planedau

Mae rhai planedau, fel Gwener, yn haws i'w gweld na sêr. Mae Gwener yn anhygoel o ddisglair a hi yw'r "seren" gyntaf i ymddangos yn awyr y nos a'r olaf i bylu yn y bore.

Roedd Anne Pettitt a'r Foneddiges Haig yn brotestwyr o fri. Ysgrifennwyd cannoedd o erthyglau mewn papurau newydd am brotestiadau'r Swffragetiaid a Chomin Greenham.

Beth am greu stori bapur newydd am un o'r protestiadau hyn, neu am achos sy'n agos i dy galon di?

Pennawd (angen bachu sylw'r darllenydd)

Dy stori - cer amdani!

GWEITHGAREDD

8 MEENA UPADHYAYA

DNA / GENETEG

Mae DNA yn rhoi sawl nodwedd i ti. Mae amgylchedd yn cael effaith hefyd.

Beth sy'n achosi'r nodweddion hyn - DNA/geneteg neu'r amgylchedd rwyt ti'n byw ynddi? Tynna linell i'r categori cywir.

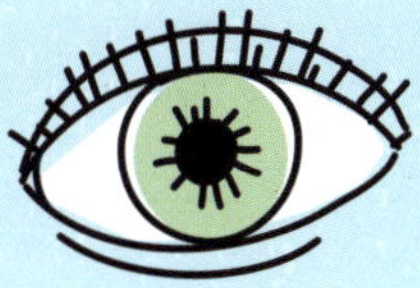

AMGYLCHEDD

Llygaid gwyrdd

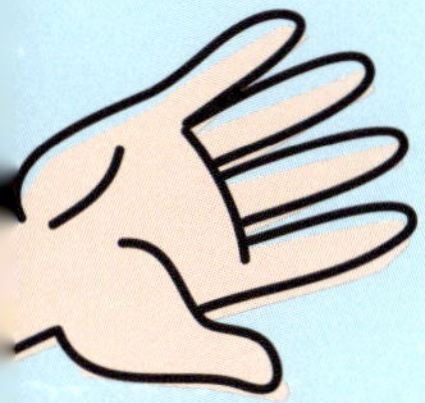

Ysgrifennu gyda'r llaw chwith

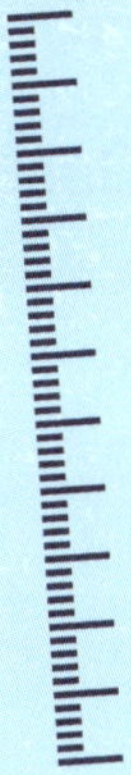

Taldra

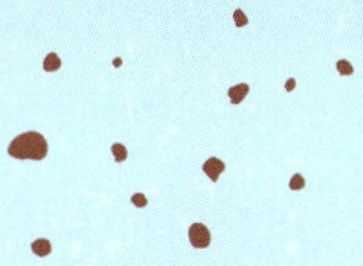

Brychni haul

Hoffi Yws Gwynedd

Casáu brocoli

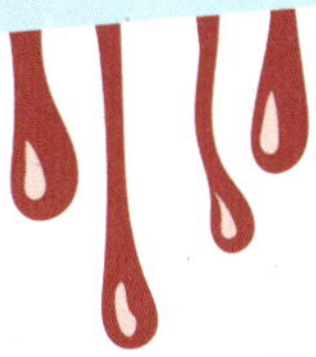

Grŵp gwaed

Siarad Cymraeg

Atebion:

DNA - Llygaid gwyrdd, ysgrifennu gyda'r llaw chwith, grŵp gwaed, taldra, brychni haul. Amgylchedd - casáu brocoli, hoffi Yws Gwynedd, siarad Cymraeg.

CWIS MAWREDDOG GENOD GWYCH A MERCHED MEDRUS:

PWY WYT TI?

Yn syml, ateb y cwestiynau yn onest, gan roi cylch o gwmpas y llythyren sydd yn cyfateb i ti.

CWESTIWN 1

Gest ti dy eni yng Nghymru?

A. Do – gogledd Cymru am byth.
B. Do – de Cymru ydi'r gorau.
C. Do – Canolbarth Cymru – Calon Cymru.
Ch. Naddo, ond dwi yma rŵan.

CWESTIWN 2

Beth yw dy hoff bwnc yn yr ysgol?

A. Celf – dwi'n caru lliwio a pheintio.
B. Sh! Dwi ddim yn hoffi ysgol.
C. Dwi'n joio bod adre ar y fferm.
Ch. Gwyddoniaeth – dwi wrth fy modd yn gwneud arbrofion.

CWESTIWN 3

Sut byddai dy ffrindiau yn dy ddisgrifio?

A: Creadigol, wastad yn tynnu lluniau.

B: Fel aderyn, wastad yn canu.

C: Yn wych am ddatrys problemau ac yn ddyfeisgar dros ben.

Ch: Amyneddgar, barod i weithio yn galed a rhoi dy orau i bob tasg.

CWESTIWN 4

Ble wyt ti'n gweld dy hun yn byw yn y dyfodol?

A. Mewn dinas llawn celf, pobl greadigol a hanes – fel Dulyn.

B. Rhywle poeth a soffistigedig fel Monaco neu'r Swistir.

C. Does unman yn debyg i gartref.

Ch. Ble bynnag bydd gwaith yn galw.

CWESTIWN 5

Pa fath o waith hoffet ti ei wneud?

A. Unrhyw beth gweledol sydd angen sgiliau celf a dychymyg byw.

B. Ar y llwyfan yn diddanu cynulleidfa mewn ffrog anhygoel.

C. Yn rhedeg busnes a brand fy hun.

Ch. Mewn labordy yn gwisgo cot wen.

CWESTIWN 6

Sut wyt ti eisiau gadael dy farc ar y byd?

A. Creu gwaith prydferth sy'n denu sylw.

B. Gadael cynulleidfaoedd yn eu dagrau wrth i mi ganu.

C. Gadael busnes rhyngwladol llewyrchus gydag enw da a chynnyrch o'r radd flaenaf.

Ch. Helpu eraill drwy fy ngwaith ymchwil a gwneud bywydau pobl eraill yn haws.

Tro i'r dudalen nesaf i ddarganfod pa eneth wych a merch fedrus wyt ti...

CANLYNIADAU CWIS MAWREDDOG GENOD GWYCH

ATEB A GAN AMLAF...

Ti yw'r Annie Atkins newydd!

Rwyt ti'n greadigol dros ben ac yn mwynhau gwaith celf. Hwyrach bod lle i ti yn stiwdio Annie yn Nulyn!

ATEB B GAN AMLAF...

Ti yw'r Shirley Bassey ifanc!

Watsia di, Shirley Bassey, mae aderyn bach arall eisiau canu ar lwyfannau enwocaf y byd. Gyda ffrogiau di-ri a chyngherddau bythgofiadwy byddi di yn dy elfen dan oleuadau'r llwyfan ac yn gadael y gynulleidfa yn gweiddi am fwy.

ATEB C GAN AMLAF...

Ti yw prentis Rachel Rowlands!

Y byd busnes sydd yn dy alw di – rhedeg cwmni rhyngwladol gyda dy enw di ar y label. Rwyt ti'n ddyfeisgar, yn gweld ac yn datrys problemau. Ac rwyt ti'n hoff o aros yn agos i gartref.

ATEB CH GAN AMLAF...

Ti yw'r Meena Upadhyaya nesaf!

Byd gwyddoniaeth, labordai, ymchwil ac arbrofion sydd yn mynd â dy fryd di. Rwyt ti'n mwynhau gwyddoniaeth ac yn dda am archwilio. Rwyt ti hefyd yn hoffi helpu eraill, yn weithgar ac am adael dy farc ar y byd.

HOLI AWDUR

Diolch i rai o ddarllenwyr *Genod Gwych a Merched Medrus* am anfon cwestiynau at Medi.

1. Beth oedd yr ysbrydoliaeth y tu ôl i'r llyfr?
(Efa a Cadi Jones, Caerdydd)

Darllenais i lond trol o lyfrau Saesneg i fy merch Anest am ferched medrus o bob rhan o'r byd, fel Simone Biles, Malala Yousafzai a Greta Thunberg, a meddwl bod angen llyfr am ferched gwych o Gymru. Pa ffordd well o weld llyfr o'r fath yn siopau Cymru na mynd ati i'w ysgrifennu dy hun!

2. Pam nad oes ffotograffau o'r merched yn y llyfr?
(Greta Grug, Aberystwyth)

Cwestiwn diddorol. O'r cychwyn cyntaf wrth ddyfeisio arddull y llyfr doeddwn i ddim eisiau lluniau go iawn o'r merched. Mae ffotograffau o rai merched ar gael a ddim o rai eraill. I mi, eu talent a'u straeon sy'n bwysig nid sut maen nhw'n edrych. Ond gallwch chi ddarganfod ffotograffau ar y we. Ydyn nhw'n debyg i'r lluniau cartŵn? Ydyn nhw yn edrych fel roeddech chi eu dychmygu?

3. O ble mae'r ffeithiau yn dod?
(Lili Green, Rhuthun)

Dwi wir yn caru ffeithiau lloerig a gwybodaeth gyffredinol ac mae gen i ddiddordeb mawr mewn hanes merched. Dwi'n treulio wythnosau yn darllen llyfrau, erthyglau papur newydd a darganfod cyfweliadau am ferched. Mae'r we yn adnodd gwych a byddai ysgrifennu *Genod Gwych a Merched Medrus* yn anodd iawn hebddo.

4. Oes gen ti hoff ferch o'r gyfres?
(Anest Jackson, Bow Street)

Mae mor anodd dewis! Dwi'n caru pa mor benderfynol oedd Dr Frances Hoggan i lwyddo a gwireddu ei breuddwyd. Pam nad oes mwy o sôn amdani yng Nghymru? Mae Vulcana yn y gyfrol yma yn ffigwr mor ddiddorol, mor anghyffredin yn ei chyfnod, ac mae'n rhaid mi gyfaddef 'mod i'n caru gwaith dylunio Annie Atkins.

LLINELL AMSER GGAMM

1781 – Geni Lucy Thomas

1833 – Lucy Thomas yn dechrau rhedeg pwll glo Waun Wyllt

1839 – Geni Sarah Jane Rees (Cranogwen)

1847 – Lucy Thomas yn marw

1865 – Cranogwen yn ennill yn yr Eisteddfod Genedlaethol

1875 – Geni Miriam Kate Williams (Vulcana)

1883 – Geni Margaret Haig Thomas

1892 – Vulcana ac Atlas yn perfformio efo'i gilydd am y tro cyntaf

1895 – Cranogwen yn agor Ysgol Forwriaeth Llangrannog

1913 – Carcharu Margaret Haig Thomas am ddinistrio blwch post

1916 – Cranogwen yn marw

1918 – Geni Mary Vaughan Jones, a merched dros 30 yn ennill y bleidlais

Geni Mary Quant

Agor Ysgol Gymraeg Aberystwyth – yr ysgol gynradd cyfrwng Cymraeg gyntaf

Fferm Brynllys, y fferm odro gyntaf ym Mhrydain i gael ei chlustnodi'n fferm organig

Sengl Shirley Bassey yn cyrraedd rhif 1 yn y siartiau pop – y person cyntaf o Gymru i gyflawni'r gamp – a siop Bazaar Mary Quant yn agor

Geni Ann Pettitt

Rachel a Gareth yn cymryd yr awenau ym Mrynllys

Geni Lowri Morgan

1930

1937 — Geni Shirley Bassey

1939

1946 — Vulcana yn marw a Rachel Rowlands yn cael ei geni

1952

1954 — Geni Meena Upadhyaya

1955

1958 — Margaret Haig Thomas yn marw

1962

1963 — Mary Quant yn ennill cystadleuaeth Ffrog y Flwyddyn

1966

1969 — Argraffiad cyntaf o lyfr Sali Mali yn ymddangos

1975

1980 — Geni Annie Atkins

1981 — Dechrau'r orymdaith i Gomin Greenham

1983 — Mary Vaughan Jones yn marw

1984 — Creu cwmni Rachel's Organic

1991 — Arfau niwclear yn gadael Greenham

1999 — Shirley Bassey yn agor Cwpan Rygbi'r Byd a Rachel a Gareth yn gwerthu cwmni Rachel's Organic

2000 — Protestwyr olaf yn gadael Comin Greenham a Meena Upadhyaya yn cael ei derbyn i Goleg Brenhinol y Patholegwyr

2002 — Agor Gardd Heddwch Greenham

2009 — Lowri Morgan yn rhedeg Ras yr Amason a sgert fini Mary Quant yn ymddangos ar stamp

2011 — Lowri Morgan yn rhedeg yn yr Arctig

2013 — Meena Upadhyaya yn sefydlu gwobrau i ddathlu talent merched o dras Asiaidd yng Nghymru

2015 — Criw cynhyrchu creadigol, gan gynnwys Annie, yn ennill Oscar am eu gwaith ar *The Grand Budapest Hotel*

2019 — Sali Mali yn dathlu 50 ac arddangosfa Mary Quant yn agor yn Llundain

Beca Elin Lloyd * Erin Haf Lloyd * Lleucu Lyn Morris * Beca Luned Davies
Arabella Mair Evans * Alana Mair Evans * Anni Grug Lewis-Hughes
Mabli Cain Efan John * Eurgain Fflur * Nel Griffith Roberts * Enid Non Jones
Elain Gwyn Thomas * Betsan Vaughan * Elain Haf Owen * Seren Haf
Ella Jayne Mainwaring * Ada Emmeline Odell-Mainwaring * Mared Elin Owen
Hanna Guy * Rhinedd Mair Rees * Esther Hannah Rees * Elda May Jones
Beca Lois Davies * Casi Powell * Bela Cêt Lloyd Davies * Leri Sioned Nesta Davies
Dyddgu Fflur Jones * Gwenan Haf * Mari Wen * Erin Rhys Fox * Loti Lye-Scott
Margaret Jane Jones * Bessie Williams * Eos Mair Lleuwen Dickson * Elowen Rose
Elen Eira Thomas * Seren Ela Thomas * Elin Nosworthy * Mia Wyn Edwards-Jeffreys
Ania Wyn Edwards-Jeffreys * Ela Morfudd * Elan Wyn Evans
Lailaa Thomas-Hassan * Mia Rhys McBurnie * Sioned Elliw Llewelyn Sherman
Cadi Rhodd Rees * Elliw Rhodd Rees * Magi Fychan Crowley * Anni Morgan Jones
Betsan Elena Jones * Mari Elin Lewis * Elsi Wyn Lewis * Mared Elan Jones
Mair Caron Hopkins * Elin Ann Hopkins * Lisa Adcock Williams
Siwan Haf Davies * Beca Gwen Davies * Manon Fflur Thomas * Ethni Mair Siôn
Elsi Madlen Barnes * Elen Heber Pritchard * Enlli Iolen Rhys * Mali Alis Gibbs
Cadi Gwynn * Lilybet Cousinne * Oleanna Cousinne * Xanthe Cousinne
Alys Wyn Jones * Lili Davies-Jones * Nansi Davies-Jones * Branwen Lloer Jones
Ilid Ffreia Jones * Erin Medi Jones * Awen Lois Jones * Gwenno Ruth Jones
Leusa Celyn Rowlands * Greta Ann Jones * Lliwen Fflur Schiavone-Ifan
Gwenlli Marged Schiavone-Ifan * Nyfain Alaw Schiavone-Ifan
Emily Presdee Loxdale * Anni-Mai Holmes * Neva Evans * Orla Evans
Molly Edwards * Bela-Louise Jones * Mari Lois Davies * Sara Mair Davies
Efa Medi James * Nel Sara Jones * Nansi Grug Jones * Marged Lena Evans
Mira Arianwen Fry * Elliw Swyn Gruffudd * Lleuwen Mari Gruffudd
Lowri Haf Povey Jones * Ela Mai Roscoe * Soffia Elena Griffiths
Alaw Madlen Williams * Erin Medi Harris * Mari Wyn Harris